BEI GRIN MACHT SICH IHR WISSEN BEZAHLT

Bibliografische Information der Deutschen Nationalbibliothek:

Die Deutsche Bibliothek verzeichnet diese Publikation in der Deutschen National-bibliografie; detaillierte bibliografische Daten sind im Internet über http://dnb.d-nb.de/ abrufbar.

Impressum:

Copyright © 2016 GRIN Verlag
Druck und Bindung: Books on Demand GmbH, Norderstedt Germany
ISBN: 9783668643581

Dieses Buch bei GRIN:

https://www.grin.com/document/413163

Laif Kardelke

Design On-Air. Bedeutung und Entwicklung am Beispiel von ProSieben

GRIN Verlag

GRIN - Your knowledge has value

Der GRIN Verlag publiziert seit 1998 wissenschaftliche Arbeiten von Studenten, Hochschullehrern und anderen Akademikern als eBook und gedrucktes Buch. Die Verlagswebsite www.grin.com ist die ideale Plattform zur Veröffentlichung von Hausarbeiten, Abschlussarbeiten, wissenschaftlichen Aufsätzen, Dissertationen und Fachbüchern.

Besuchen Sie uns im Internet:

http://www.grin.com/

http://www.facebook.com/grincom

http://www.twitter.com/grin_com

Inhaltsverzeichnis   **Seite**

1. Einleitung

In dieser Arbeit werde ich mich vornehmlich mit den On-Air-Designs von deutschen, privaten TV-Sendern auseinandersetzen, indem ich deren Ziele und die jeweils eingesetzten Gestaltungen, bestehend aus unzähligen Trailern, Logos, Übergängen oder Remindern genauer anhand eines Beispiels analysiere.

Da ich tagtäglich Fernsehen schaue und dabei vor allem die privaten Sender bevorzuge, sind mir immer wieder die unterschiedlichen Designs von Sendern wie Sat1, ProSieben oder Kabel1 ins Auge gesprungen. Obwohl sie derselben Mediengruppe angehören führen sie doch unterschiedliche Gestaltungen im On-Air-Design und bedienen sich von Zeit zu Zeit immer wieder einem Fresh-Up, welches das grundlegende Erscheinungsbild des jeweiligen Kanals festlegt und es aktualisiert. Inwiefern werden hier aktuelle Designtrends verfolgt? Und wie wirkt ein neues On-Air-Design zielgruppenspezifisch auf den Zuschauer? Welchen Sinn hat es immer wieder Programmankündigungen zu machen, geplante Übergänge zu schaffen und diese mit einer euphorischen Voice-Over-Stimme zu belegen? Während meiner Ausbildung zum Mediengestalter ist mir aufgefallen wie sich bestimmte Trailer, Beiträge oder Einspieler von TV-Sendungen und Serien wie „THE100" oder „Circus Halligalli" immer wieder an aktuellen Softwarelösungen bedienen, die einem bekannt sind, wenn man sich in der Szene Motion Design und Motion Graphics bewegt. Hier lassen sich für mich Trends, aber auch eine Vereinheitlichung von gestalterischen Techniken in Bezug auf Programme, Plug-Ins und Pre-Sets erkennen, die ich in dieser Arbeit darlegen möchte. Meiner Meinung nach kommt hier auch die Frage auf, inwieweit das On-Air-Design, sowie das Design von programminternen Sendungen nur noch ein schnelles Industrieprodukt von ausgewählten Agenturen ist, die zu erarbeitende Inhalte aus bereits vorgefertigten Pre-Sets generieren, um das Verhältnis von Geld und Zeit möglichst positiv für sich zu gestalten. Um hier einen konkreten Ansatz erkennbar machen zu können, wird es zunächst nötig sein, die geschichtliche Definition des On-Air-Designs anhand eines Beispiels aufzuzeigen, um bestimmte Trends sichtbar zu machen. Auch über die Absichten der Sender bzw. Mediengruppen an sich müssen essentielle Informationen vermittelt werden. Über diese grundlegenden Definitionen wird es dann möglich sein in die Tiefe einer jeweiligen Gestaltung eingehen zu können und vielleicht auch die technischen Aspekte in Bezug auf Softwarelösungen wie After Effects, Element 3D oder Trapcode anzuschneiden. Gleichzeitig soll diese Arbeit aber auch eine eigene Reflektion meines Wunschberufs als Motion Designer sein.

2. Definition „On-Air-Design"

On-Air-Design bzw. Fernsehgestaltung war früher ein großer und ist heutzutage ein kleiner Teilbereich des Motion Designs. Dieser befasst sich mit dem Versuch der einzigartigen Charakterauszeichnung eines Fernsehsenders. Man versteht es als den Rahmen der Corporate Identity in der Fernsehproduktion.[1] „Dazu gehören neben der zeitlichen und räumlichen Dimension der grafischen Elemente auch Richtlinien für den Einsatz der filmischen Gestaltungsmittel. [...] Im On-Air-Design [...] werden kurze Clips produziert, die exemplarisch den Umgang mit dem Material zeigen und Zeiten und Rhythmen vorgeben."[2] Aus dieser Intention heraus lässt sich feststellen, dass das Erscheinungsbild eine Notwendigkeit bedeutet und dem jeweiligen Sender ein Image in Bezug auf die wirtschaftliche Position und die geplante Kommunikation mit dem Zuschauer verpasst. Demnach kristallisieren sich bewusste Low-Budget-Produktionen oder aufwendige bzw. teure Programminhalte anhand des On-Air-Designs heraus. „Dabei muss der Absender [...] immer eindeutig erkennbar sein. Auf diesen Gedanken ruht die Kernidee [...]. Ein entsprechendes Design muss dabei zeitgemäß und für alle Medien kompatibel sein."[3] Das On-Air-Design ist gleichzeitig ein Abbild technologischer Entwicklungen unserer Zeit. Dienten z.B. Einspieler, Senderlogos oder Programmankündigungen in ihren Anfängen lediglich der Funktionalität, nämlich der Informationsvermittlung, so sind sie heute ein Ausdruck von Ästhetik und Zeitgeist und stellen die Gestaltung an sich, als wichtige Säule der Vermarktung dar.[4] Zudem wird

---

[1] Vgl. dazu Mahler, Christian (2014): Interview mit der Berliner Technischen Kunsthochschule. In: http://www.btk-fh.de/de/news/interview-christian-mahler. Berlin, 02.06.2014.
[2] Mahler, Christian (2015): Interview mit Page Magazin 7 (2015). In: http://www.btk-fh.de/de/news/motion-branding-christian-mahler/?news-query=christian+mahler&news-location=. Berlin, 26.06.2015.
[3] Erstes Deutsches Fernsehen: ARD Designserver. In: http://www.ard-design.de.
[4] Vgl. dazu Schirmer, Sven: Optische Sirenen – der Lockruf des Fernsehens Zur Bedeutung des Design im deutschen Fernsehen. In: Trailer Teaser, Appetizer. Hg. von Knut Hickethier, Joan Bleicher. Hamburg (LIT) 1997, S. 73.

eine Brücke zwischen den audiovisuellen und interaktiven Medien gebildet. Grundlegende Erscheinungsbilder werden heutzutage direkt „dynamisch bzw. zeitbasiert angelegt"[5]. Damit wird es für ein Unternehmen einfacher sich auf mehreren Plattformen wie z.B. im Web auszuzeichnen und den Wiedererkennungswert hochzuhalten.

3. Der Wert von Teasern und Konnektoren im On-Air-Design

3.1 Dynamische Prozesse

Ankündigungen bzw. Überleitungen von der einen Sendung zur Nächsten sind keine Erfindung der modernen TV-Medien sondern das Ergebnis einer „Traditionslinie" in der Unterhaltung. Von der einfachen Promotion der Theaterstücke bei Kulturveranstaltungen, über die Anmoderationen im Radio fanden sie ihren Weg ins Fernsehen und erfuhren dort die Integration zwischen die verschiedenen Formate eines Senders. Damit definieren diese Zwischenstücke inzwischen das On-Air-Design eines Fernsehsenders und ein Stück weit die festgelegte Corporate Identity.

Das Bedürfnis des potentiellen Zuschauers ist es, stetig Up-to-Date gehalten zu werden. Hier lässt sich wohl das Stichwort „Dynamisierung" erfolgreich integrieren und als Begriff festlegen, nach dem das Publikum verlangt. Das Fernsehen an sich ist kein starres Medium, sondern unterliegt stetig den Veränderungen von Themen, Sendungen und Filmen. Was heute in einer Fernsehzeitschrift steht, ist in der nächsten Woche schon wieder veraltet und somit eine nutzlose Information. Sich selbstständig auf dem aktuellen Stand zu halten, ist für den Zuschauer ein anstrengender Aufwand und vor allem nicht endlich.[6] „Die unterhaltenden, sich zeitlich organisierenden Medien verlangen offenbar nicht nur aus Tradition, sondern auch aus strukturellen Gründen nach einer Verbindung der aneinandergefügten Teile. Dem Zuschauer, der der ihm unbekannten zeitlichen Angebots-Vorsortierung durch die Programmveranstalter ausgeliefert ist, muss vorab eine Struktur von dem geboten werden, was er zu erwarten hat, um ihm die Zeit zum Zuschauen, seine Lebenszeit, abzutrotzen. [...] Das Fortsetzungsversprechen und das damit verbundene fortgesetzte Versprechen etwas Kommenden und vielleicht Besseren scheint die technischen Medien insgesamt zu prägen."[7] Es scheint also, als würden all diese Elemente die Einheit des Senders bilden, dem Zuschauer somit eine thematische Sinnhaftigkeit vermitteln und ihn immer wieder mit Informationen füttern die sein Interessengebiet bedienen, damit er eben zuschaut und dran bleibt. So wird versucht die Eigenwerbung möglichst erfolgreich zu gestalten.

3.2 Heterogenität & Wirtschaftlichkeit

Ein weiterer wesentlicher Punkt, der ein durchdachtes On-Air-Design fordert, ist Heterogenität. „Um ein Vollprogramm allein zeitlich füllen zu können, reichen die Eigenproduktionen in der Regel nicht aus, die Sender müssen vielmehr einzelne Filme, Serien usw. einkaufen. Visuelle Konstanz [...] ist damit nicht immer zu gewährleisten. Die visuelle Präsentation, das Bemühen um ein einheitliches Outfit, findet daher zwangsläufig an den Übergängen zwischen den Sendungen [...] statt. Eine gelungene Programmpräsentation verheißt eine größere Zahl Zuschauer. Mehr Zuschauer bedeuten mehr Werbekunden, mehr Werbekunden bewirken höhere Werbeeinnahmen."[8] Greift man dieses vergleichsweise sehr alte Zitat auf und bezieht es auf den aktuellen Programmablauf eines privaten Senders wie z.B. ProSieben, wird deutlich wie wichtig die angesprochene Visuelle Konstanz war, ist und bleibt. Die folgende Auflistung eines Programmtags in seiner Chronologie soll als Referenz dienen.

---

[5] Mahler, Christian (2015): Siehe fn. 2.
[6] vgl. dazu Hickethier, Knut: „Bleiben Sie dran!" Programmverbindungen und Programm – Zum Entstehen einer Ästhetik des Übergangs im Fernsehen. In: Trailer Teaser, Appetizer. Hg. von Knut Hickethier, Joan Bleicher. Hamburg (LIT) 1997, S. 15, 17.
[7] Hickethier, Knut: „Bleiben Sie dran!" Programmverbindungen und Programm – Zum Entstehen einer Ästhetik des Übergangs im Fernsehen. In: Trailer Teaser, Appetizer. Hg. von Knut Hickethier, Joan Bleicher. Hamburg (LIT) 1997, S. 16-17.
[8] Adolph, Jörg; Scherer, Christina: Begriffe und Funktionen: Programmpräsentation und Fernseh-Design an den Nahtstellen des Programms im deutschen Fernsehen. In: Trailer Teaser, Appetizer. Hg. von Knut Hickethier, Joan Bleicher. Hamburg (LIT) 1997, S. 60.

3.2.1 Programmablauf am Beispiel von ProSieben

TV-Programm am 22.02.2016 von 14:45 Uhr – 00:05 Uhr:

14:45 Uhr – 2 Broke Girls
15:40 Uhr – The Big Bang Theory
17:00 Uhr – Taff (Eigenproduktion)
18:00 Uhr – Newstime (Eigenproduktion)
18:10 Uhr – The Simpsons
19:05 Uhr – Galileo (Eigenproduktion)
20:15 Uhr – The Big Bang Theory
21:10 Uhr – Akte X
22:10 Uhr – Circus Halligalli (Eigenproduktion)
23:10 Uhr – Palina in the Box (Eigenproduktion)
00:05 Uhr – The Big Bang Theory[9]

Allein an diesem willkürlich ausgewählten Programmtag lässt sich deutlich erkennen, dass ein Großteil der Sendungen auf externen Produktionen basieren und ProSieben hier lediglich einkauft und den Tag füllt. Damit der Zuschauer jedoch Sendungen und Sender als Einheit ansieht, schafft das On-Air-Design die nötige Verbindung und Assoziation. Letztendlich ist es gar die Identität.

3.3 Social Media-Integration

Fernsehsender wie ProSieben beziehen sich schon längst nicht mehr nur auf die Ausstrahlung ihrer Sendungen, sondern integrieren den Zuschauer auch über die Plattformen wie Facebook, Twitter oder Instagram. Im Fernsehen gezeigte Designs werden an die Posts aus den sozialen Netzwerken gekoppelt und dienen als Oberfläche für Diskussionen zwischen den Usern, als Feedbackplattform für das Unternehmen oder als Marketinginstrument. Das Fernsehen steht nicht mehr für sich alleine dar, sondern dynamisiert sich als „Meta-Medium" in der digitalen Umgebung.[10] Die eigentliche Ausstrahlung einer Sendung verselbstständigt sich damit, indem allein um einen Beitrag z.b. der entsprechenden Facebook-Seite, Diskussionen und Empfehlungen entstehen. Unbewusst wird dabei gleichzeitig die Marke mit ihrer Identität und ihrem Design transportiert.

4. Zielgruppenorientiertes Design & Re-Design

4.1 Zeitbasierte Trends

An der Vielzahl der deutschen TV-Sender, egal ob öffentlich oder privat lässt sich ablesen, dass der gesamte Markt einzelne Ziel- und Altersgruppen bedient und damit die „Fernsehlandschaft" füllt. „In der Entwicklung des Corporate Design [...] betreiben die privaten Anbieter gegenwärtig einen größeren Aufwand als ihre öffentlich-rechtlichen Gegenspieler."[11] Jedoch wird stark darauf geachtet eine geschaffene Gestaltung nicht auffällig oft in ein Re-Design zu zwängen. Hierbei leidet die Authentizität des Senders stark und das Publikum beginnt die Qualität anzuzweifeln.[12] Von Zeit zu Zeit werden On-Air-Designs aber trotzdem „aktualisiert" und mit einem zeitnahen Designtrend verbunden, wie sich am folgenden Beispiel von ProSieben erkennen lässt:

[9] ProSiebenSat.1 Digital GmbH: TV Programm. (2016) in: http://www.prosieben.de/tv-programm.
[10] Lütticken, Sven: History In Motion – Time in the Age oft he Moving Image. Berlin (Sternberg Press) 2013.
[11] Schirmer, Sven: Optische Sirenen – der Lockruf des Fernsehens Zur Bedeutung des Design im deutschen Fernsehen. In: Trailer Teaser, Appetizer. Hg. von Knut Hickethier, Joan Bleicher. Hamburg (LIT) 1997, S. 78.
[12] Vgl. Schirmer, Sven: Optische Sirenen – der Lockruf des Fernsehens Zur Bedeutung des Design im deutschen Fernsehen. In: Trailer Teaser, Appetizer. Hg. von Knut Hickethier, Joan Bleicher. Hamburg (LIT) 1997, S. 79.

4.2 Chronologie des On-Air-Designs von ProSieben

[B1] Logo-Ident 1988 – 1994

[B2] Logo-Ident 1995   [B3] Ankündigung 1995   [B4] Logo-Ident 1997

[B5] Station-Ident 1997   [B6] Logo-Ident-Spot 1998   [B7] Logo-Ident 1999

[B8] Werbe-Ident 2001   [B9] Titel-Ankündigung 2001   [B10] Logo-Ident 2001

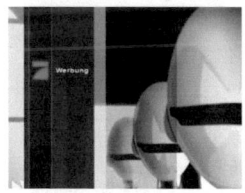

[B11] Störung 2007   [B12] Abspann 2007   [B13] Thementag 2007

[B14] Slogan 2009	[B15] Ankündigung 2009	[B16]Thementag 2009

[B17] Slogan 2015	[B18] Ankündigung 2015	[B19] Thementag 2015

4.3 Vergleich des OAD zwischen 2009 und 2015

Anhand des Bildmaterials lässt sich erkennen, welch großer Schritt, sowohl in der Gestaltung als auch in der Technik zwischen 2009 und 2015 liegt. Bezog sich das Design von 2009 noch auf viele Elemente aus den vergangenen On-Air-Designs, wie den animierten Farbflächen und einer häufigen Einrahmung des Bildmaterials, so ist im Design von 2015 eine deutlich reduziertere Gestaltung der grafischen Elemente zu beobachten. Stattdessen arbeitet das Design mit brillantem und großflächigem Footage. Vor allem die Erzeugung der Bildtiefe ist eine Neuerung. Die einzelnen Elemente scheinen viel räumlicher und dreidimensional. Animationen und Einblendungen wirken weich, natürlich und ergänzen sich gegenseitig. Ausschnitte aus Filmen und Sendungen die gezeigt werden, bilden mit Typografie und Gestaltungselementen eine Einheit und grenzen sich nicht mehr voneinander ab, wie es im OAD von 2009 noch der Fall war. Auch in der Auswahl der Farben lässt sich eine Veränderung feststellen. Während 2009 viele graue Flächen „Silver Stages" das Format füllten und ein chromatischer Ladebalken Akzente setzen sollte[13], verzichtet das Re-Design von 2015 auf eine großflächig dominierende Farbe. Stattdessen passt sich eine Farbe der jeweiligen Farbwelt des Footages an. Signifikant ist abschließend die geänderte Schrifttype. Die „Campton" unterstreicht die schlichte Verwendung von Gestaltungselementen und löst die NeueHelvetica Pro ab. „Weniger ist mehr. Mit dem neuen Design springt ProSieben in eine neue optische Dimension."[14]

4.4 Trendspezifikation

Einzuordnen ist das aktuelle Erscheinungsbild in den Trend des Flat-Designs. Man beruft sich auf wenige und reduzierte Gestaltungselemente ohne realistische Anmutung.[15] Im Gegenzug bekommen Footage-Material und dessen Wirkung eine hohe Priorität und können sich hervorheben. Gleichzeitig erhalten nicht selbstproduzierte Sendungen eine direkte Einbindung in die gestalterische Identität des Senders und bringen den täuschenden Eindruck einer Eigenproduktion. Die Anforderung an ein On-Air-Design ist somit exzellent gelöst und erfüllt.

[13] Vgl. dazu Alias „krebomedia": ProSieben sendet in neuem Design. (2009) in: http://designbote.com/3971/prosieben-sendet-in-neuem-design

[14] Körfer, Christoph: #WeLove! ProSieben strahlt ab 12. Februar im neuen Design. (2015) in: http://www.presseportal.de/pm/25171/2942870.

[15] Clum, Luke; May, Tom: The beginner's guide to flat design (2014). In: http://www.creativebloq.com/graphic-design/what-flat-design-3132112

5. Fazit

Um abschließend wieder auf meine Eingangs niedergeschriebene Fragestellung zurückzukommen, kann ich zunächst feststellen, dass sich viele Vermutungen bestätigten, aber andere sich nicht eindeutig klären ließen. Für einen deutschen Fernsehsender bedeutet ein strukturiertes On-Air-Design tatsächlich eine essentielle Notwendigkeit, die es zu pflegen gilt. Wie dargelegt, lassen sich durchaus Wirtschaftlichkeit und Zielgruppen für den Sender damit steuern und auch die Corporate Identity wird nach außen hin geprägt. Ein wichtiger Aspekt für ProSieben oder andere ähnliche TV-Anstalten scheint die Trendwanderung mit der Zeit zu sein. Entfernt sich die Sender-ID zu sehr von einer modernen Stilistik, wird ein neues Erscheinungsbild in die Wege geleitet. Am Vergleich des On-Air-Designs zwischen 2009 und 2015 wurde dies besonders deutlich. Gleichzeitig erkannte ich für mich eine Beschleunigung von wechselnden Design-Trends im Bereich der Fernsehgestaltung. Lagen zwischen der Stilistik der OAD von ProSieben zwischen 2001 – 2009 viele Ähnlichkeiten, so geht das Erscheinungsbild von 2015 ganz andere Wege, wohl auch technologisch auf einem viel höheren Level. ProSieben ist stets bemüht Up-to-Date zu bleiben und integrierte mit den Re-Designs auch immer wieder die Möglichkeit für den Zuschauer über andere Plattformen interaktiv zu werden wie z.b. Facebook, Instagram oder die offizielle Website. Hier spielt dann die Marketingstrategie eine wichtige Rolle. Die geplante Interaktivität des Zuschauers bringt Reichweite und Feedback für den Sender. Meiner Meinung nach eröffnet ein gut durchdachtes On-Air-Design, welches den gegenwärtigen Zeitgeist trägt, auch immer wieder neue Märkte die ausschlaggebend für die Konkurrenzfähigkeit und wirtschaftliche Progression eines Unternehmens wie der ProSiebenSat1 GmbH sind. Ein stetiges Bemühen um ein ästhetisches und zeitnahes Erscheinungsbild gibt dem potentiellen Zuschauer das Gefühl, dass dem Sender daran gelegen ist sich auf der Höhe der Zeit zu bewegen und auch die Programminhalte danach auszurichten.

Wie festgestellt bringt die Heterogenität dem Fernsehsender erst sein Erscheinungsbild. Ohne Heterogenität kein Charakter. Für mich birgt das die größte Gefahr bei der Einleitung eines Re-Designs. Dem Zuschauer ist das aktuelle Erscheinungsbild völlig indoktriniert und weicht das neue OAD dem Alten zu weit ab, reagiert er verwirrt und hat seine Identifikation verloren. Hier die richtige Schnittstelle zu finden ist wohl heutzutage bedeutend wichtiger als früher, als die Fernsehlandschaft eher rar besiedelt war und die Schaffung einer Sender-ID erstmal nicht das Problem darstellte. Zum Ende lässt sich feststellten, dass das On-Air-Design eine berechtigte Priorität genießt, die Ziele eines Fernsehunternehmens leiten und seine Zielgruppen definieren kann. Es geht nicht nur um Inhalte, sondern auch darum, wie diese präsentiert werden.

Meine Behauptung, dass sich Einspieler, Trailer und andere Teile des OAD auf verwendete Plug-Ins und Pre-Sets zurückführen ließen, konnte ich jedoch nicht bestätigen. Das während der Recherchen angeschaute Material der verschiedenen On-Air-Designs, wies an manchen Stellen zwar marginal auf ein eingesetztes Plug-Ins hin, jedoch konnte ich dies nicht ausreichend belegen. Demnach scheinen die beauftragten Agenturen von den Fernsehanstalten keine schlecht honorierten „Speed-Aufträge" zu erhalten in denen nur möglichst schnell ein Design aus leicht abgeänderten Pre-Sets zusammengesetzt werden soll. Hierbei handelt es sich um strukturierte und wichtige Konzeptarbeit. Die Anstalten sind sich darüber im Klaren wie wichtig ein qualitativ hochwertiges On-Air-Design für sie ist. Eine detaillierte Suche in den eingangs erwähnten TV-Sendungen wie „Circus HalliGalli", welche Ergebnisse in Bezug auf die Gestaltungs- bzw. Softwarelösungen hätte bringen können, habe ich unterlassen, denn die Designs innerhalb von TV-Sendungen schlagen oftmals einen anderen gestalterischen Weg ein, als das eigentliche OAD des Senders und fallen somit in eine andere Kategorie.

Quellen

Literatur

[L1] Hrsg. Hickethier, Knut; Bleicher, Joan: Trailer, Teaser, Appetizer. Zu Ästhetik und Design der Programmverbindungen im Fernsehen. Hamburg (Lit Verlag) 1997.

[L2] Lütticken, Sven: History in Motion – Time in the Age oft he Moving Image. Berlin (Sternberg Press) 2013.

Internet

[W1] http://www.prosieben.de   (22.02.2016)

[W2] http://www.btk-fh.de   (23.02.2016)

[W3] http://www.ard-design.de   (23.02.2016)

[W4] http://designbote.com   (23.02.2016)

[W5] http://www.presseportal.de   (23.02.2016)

[W6] http://www.creativeblog.com (24.02.2016)

Bildquellen

[B1] Screenshot https://www.youtube.com/watch?v=HFUfT-v1EOY   (25.02.2016)

[B2] Screenshot https://www.youtube.com/watch?v=JBlFRn08hgQ&list=PL2ED55168FB754BB5&index=1   (22.02.2016)

[B3] Screenshot https://www.youtube.com/watch?v=tTU87Y_B4MU (25.02.2016)

[B4] Screenshot https://www.youtube.com/watch?v=MxMOU8-nmcY   (25.02.2016)

[B5] Screenshot https://www.youtube.com/watch?v=xAbz-VenyBA   (25.02.2016)

[B6] Screenshot https://www.youtube.com/watch?v=D_k1z-wY-_w   (25.02.2016)

[B7] Screenshot https://www.youtube.com/watch?v=qqNfeCqOYhU   (25.02.2016)

[B8], [B9], [B10] Screenshots https://www.youtube.com/watch?v=QsJxy0of5V8   (25.02.2016)

[B11], [B12], [B13] http://www.designtagebuch.de/pro-sieben-sendet-im-neuen-on-air-design   (25.02.2016)

[B14], [B15], [B16] Screenshots https://www.youtube.com/watch?v=AFH5PkaclYo   (25.02.2016)

[B17] Screenshot https://www.youtube.com/watch?v=bWJva9J9RNE (25.02.2016)

[B18] Screenshot https://vimeo.com/album/1686251/video/119463882   (25.02.2016)

[B19] http://www.lowerground.com/Pro7-TV-idents   (25.02.2016)